RECHERCHES

SUR

LES LOIS PHONÉTIQUES

DE LA LANGUE BASQUE

PAR

M. H. DE CHARENCEY

MEMBRE CORRESPONDANT DE L'ACADÉMIE IMPÉRIALE DES SCIENCES,
ARTS ET BELLES-LETTRES DE CAEN

CAEN
TYP. DE F. LE BLANC-HARDEL, LIBRAIRE
Rue Froide, 2

1866

RECHERCHES

SUR

LES LOIS PHONÉTIQUES

DE LA LANGUE BASQUE.

Les lois phonétiques de la langue basque n'ont encore été que très-peu étudiées. Leur connaissance, cependant, est indispensable à quiconque s'occupe de l'étymologie *Eskuara* et tente par là de parvenir à débrouiller la question, si obscure encore, des origines Ibériennes. Bien que le petit travail par nous offert en ce moment au public soit loin d'être complet, il ne paraîtra peut-être pas aux philologues indigne d'attirer quelque peu leur attention. Il pourra servir, d'ailleurs, de point de départ à des travaux plus considérables et plus féconds en découvertes.

I. SYLLABES PRÉFIXES.

Nous rangeons sous ce numéro un certain nombre de préfixes, dont l'origine est fort obscure, et ne paraît pouvoir être rapportée d'une manière bien certaine, ni à des lois euphoniques déterminées, ni surtout à l'adjonction au radical de particules significatives.

A. *Préfixes formées d'une gutturale et d'une voyelle.*

GA. *Gahamu,* hameçon (latin *hamus*). —*Garrathoin,* rat (voy. R.).

B. *Préfixes formées d'une voyelle et d'une liquide.*

AL. *Alporteh*, sacoche (franç. *poche;* le *r*, sans doute est ici euphonique, comme dans *gophora*, la coupe, pour *gophoa*).

EL. *Elzarr* et *zorri,* ver, vermine.

IL. *Ilharr,* haricot.

LE. *Lerro* et *herrok,* rang.

Peut-être, cette liquide est-elle le reste du démonstratif latin, comme dans le français *lierre,* pour *illam hederam.*

C. *Préfixes formées d'une sifflante*, suivie ou précédée *d'une voyelle.*

AZ. *Aztapar,* patte (du radic. taper).—*Aztal,* talon.

EZ. *Ezkero* et *gero*, ensuite, après.

ES. *Estalpe*, tapis (*l* euphoniq. comme dans *moldesi*, modestie).—*Estoki*, têtu (franç. *toqué*. Comp. le suédois *tockig*, fou). — *Estoy,* lit (lat. *torus*, le *y* représente ici une consonne finale, ce qui a lieu souvent dans certains dialectes : ex. *koroya*, pour *korona*, couronne).

ZI. *Zizarri* et *zorri* ver, vermine.

II. VOYELLES PRÉFIXES.

A. *Avec harmonie des voyelles, devant a et i.*

Al et *ahal*, pouvoir.—*Anzkorr* et *ahanzkorr*, oublieux.—*Ahari* et *ari*, bélier.—*Aide* et *ahaide*, parent,

Atarace, ouvrage de marqueterie (castillan *taracea*). —*Athamenda*, demander. —*Ibil*, marcher (bas-bret. *pelu*, naviguer alentour; écossais *pill*, aller autour; sanscrit *pel*). — *Ichill*, se taire (lat. *silere*). — *Ichtill*, stillere.

B. *Sans harmonie des voyelles.*

Alhor et *Lurra*, terre, champ cultivé. — *Amelu* ; étoupe (castillan *mulo*). — *Aphain*, faire la toilette (castill. *peinar*, se peigner). — *Athun*, thon. — *Eduk*, tenir (bas-bret. *dougen*). — *Izarr*, étoile (gallois *sèr*.).

C. *Devant rr*, voy. plus loin.

III. CONSONNES PRÉFIXES.

A. *H. ajoutée dans les dialectes souletin et navarrais*; ex. : *Hagun*, écume. — *Harm*, arme. — *Heguzki*, et *Eguzki*, soleil. —*Hertchi*, étroit (lat. *arctus*). —*Herrest*, reste, reliquat. —*Higi* et *igi*, mouvoir. —*Hirrita*, irriter. —*Hodeï* et *odeï*, nuage.

B. Z. *Préfixe*, ex. : *Zerb*, herbe.

IV. VOYELLES REDOUBLÉES, SOIT SEULES, SOIT PRÉCÉDÉES D'UN H.

A. HA. *Chahal* et *chal*, veau; —*mahain*, table (lat. *mensa*); — *mahatch* et *match*, raisin; — *lahar* et *lar*, buisson, taillis (vieux franç. *larris*); — *nahas* et *nas*, mêler; —*zahar* et *zar*, vieux, usé (sanscrit *Djar*).

B. *He*; *behere* pour *bere*, inférieur, de *be* ou *pe*, sous, le dessous; — *leheren* et *len* ou *leren*, premier.

V. VOYELLES INTERCALÉES.

A. *I intercalé devant n, surtout dans les syllabes*

finales; ex. : *aingir*, anguille ;—*ainguru*, ange (lat. *angelus*, le *r* entre deux voyelles est souvent pour un *l*; ex. : *hil* et *hiri*, périr ; — *ili* et *iri*, ville). — *botoin*, bouton ;—*errain*, reins ;—*falkoin*, faucon (lat. *falconem*) ;—*gain* et *gan*, sur, dessus ;—*kofoin*, ruche à miel (castill. *cofa*, de l'arabe *koufah*, panier ; d'où aussi le franç. *alcove*) ;—*letain*, litanie ;—*mathuin*, fromage mou (franç. *mattes*, lait caillé) ; — *maingu*, boiteux (lat. *mancus*) ; *oraindio*, *orandio*, encore même ; — *loskandu*, *loskaindu*, promettre.

B. *I intercalé devant une liquide, une sifflante* ou l'*article final* ex. : *choil*, seul (solus) ;—*azeri*, *aizeri*, renard ;—*burua* et *buruia*, la tête ;—dans plusieurs dialectes, cet *i* devient *y* ; ex. : *debrua*, *debruia* ou *debruya*, le diable.

VI. TRACES D'HARMONIE DES VOYELLES.

Irin et *harun*, farine ;—*mocholon*, mousseron (le *o* médial pour *e*) ;—*dona Phaleu* (pour *don Phaleu*, St-Palais (nom de ville) ;—*doni Joan* (pour don Joan), St-Jean-Pied-de-Port.

VII. CONSONNES INTERCALÉES.

A. *L intercalé*, *afer* et *alfer*, paresseux ; — *alzeir*, acier ;—*bult*, boutade ;—*estalpe*, tapis ;—*molde*, mode, façon ;— *moldesi*, modestie ;—*moltch*, poche (le *m* est ici pour un *p*, comme il arrive souvent ; ex. : *Mendekoste*, Pentecôte.

B. *Z intercalé*, *chizpil* et *chiphil*, brûler.

C. *S intercalé*, *kusku*, coque, *yoska* (jocare).

D. *N intercalé.*

1° Spec. devant le *tz.;* ex. : *askatze* et *askantze,* soltura :—*gaitz* et *gaintz,* supériorité ; —*askaëra,* promptitude et *askantzoro,* promptement ;—*ithonz,* suffocation et *ithogarri,* sujet à la suffocation.

En général, le *n* suivi d'un *tz* ne prend pas l'*i* euphonique ; ex. : *zaitz* et *zantz,* gardien ; — *arzantz* et *arzaitz,* art pastoral ; — *egontz* et *egoitz,* demeure, domicile.

Ce *tz* est pour le *te,* signe du nom verbal, ex. : *aurgite* et *aurgintz,* accouchement ;—*ereite* et *ereintze,* l'ensemencement ; — *iruntz* et *irute,* l'intestin grêle ;

2° Souvent devant le *z ;* ex. : *aitzurr* et *aintzurr,* bêche ; — *fantz,* face, effigie ; — *pozoy* et *ponzon,* poison ; —*phunzel,* pucelle.

Quelquefois alors, la présence du *n* entraîne le changement du *z* en *s* ou *tch ;* ex. : *zuzi* et *suntchi,* détruire.

3° Souvent aussi devant le *ch* et le *s*, ex. : *inche* et *itch,* rosée du soir, serein ; — *insuldatu* et *isuldatu,* transfusus.

4° *Devant la dentale, irauti* et *iraundi,* persévérant ; — *maitegi* et *maintegi,* réfectoire (litt. *tabulæ locus*).

Cette adjonction du *n* a lieu surtout s'il y a changement du *t* en *d,;* ex. : *enda* et *eta,* et ; — *izandu* et *izatu,* été, qui a été ;—*igindarri* et *igitarri,* moteur ; — *kantoitu* et *kantoindu,* esquinado ;—*sasoitu* et *sasoindu,* sazonado ;—*utchitu* et *utchindu,* partagé, divisé.

5° *Quelquefois devant une gutturale ;* ex. : *changrin,* chagrin ;—*igel* et *ingel,* grenouille ;—*migain* et *mingain,* palais de la bouche (litt. *super linguam*) ; — *sankristab,* sacristain.

Dans ce cas, la présence du *n* entraîne souvent la mutation de la gutturale forte en faible ; ex. : *alako* et *alango*, tel ; — *ereikiro* et *ereingiro*, sementera ; — *lango*, lac.

En souletin et en bas-navarrais, le *k* précédé d'un *n* devient quelquefois *kh*; ex. : *zinkhor* et *zikoitz*, avare, chiche.

6° *N intercalé dans quelques autres mots tels que les suivants ;* ex. : *aitagiarreb* et *aitaginarreb* , beau-père (peut-être le *n* est-il la finale de la particule *ki* ou *kin*) ; — *esale* et *esanle* , bavard ; — *uragey* et *anraket*, impudicité ; — *ereinle* et *ereile*, semeur.

E. B. Euphonique.

1° Après *m*, *amildu* et *ambildu*, roulé ; — *gambar* , chambre (lat. *camera*) ; — *gombite* , vomissement (*g* pour *b*, comme dans *garlop*, varlope).

2° Dans plusieurs dialectes , entre deux voyelles ; ex. : *aoa* et *aboa*, la bouche ; — *abostu*, le mois d'août ; — *nagusi*, *nausi* et *nabusi*, maître (éthiop. *négush*, roi) ; — *pharabizu*, le paradis ; — *gauerdi* et *gaberdi*, minuit.

3° Dans le dial. de Cambo , entre une voyelle et l'article final ; ex. : *aoa* , *auba* , la bouche ; — *olaüa*, *olaüba* , l'amas de planches ; — *gaua* et *gauba*, la nuit.

VIII. ABSENCE DE CONSONNES DOUBLES INITIALES.

La langue basque n'admettait certainement point, à l'origine, de consonnes doubles initiales. Le latin *crux* y devient *khurutze*, le castillan *cristiano* , *giristiano*, le latin *fricare*, *phereka*.

Plus tard , cette loi a cessé d'être observée et nous trouvons aujourd'hui *pleitu*, plaid, procès ; —

primu, héritier (lat. *primus*) ;—*trenka*, trancher, etc.

Quelquefois l'une des consonnes initiales se supprime ; ex. : *luma* plume ;—*loria*, délices (*gloria*).

IX. MUTATION FRÉQUENTE, SURTOUT EN SOULETIN ET EN BAS-NAVARRAIS, DES FORTES INITIALES DE L'ORDRE DES MUETTES EN DOUCES.

Galz, bas (castill. *calzado*, chaussé) ; — *garizum*, carême (Quadragésime) ;—*garitate*, rogations (castill. *caritad*) ;—*gamelu*, chameau (*camelus*) ; —*gaztelu*, prison (*castellum*); —*gathibu*, captif; —*gaztain*, châtaignier (castill. *castana*) ;— *guphid*, intéressé (*cupidus*) ; — *gambio*, troc, échange (castill. *cambiar*, changer) ;— *gachur*, petit-lait (lat. *caseus* et basq. *ur*, eau) ;—*gichi* et *kichi*, petit ; —*gereiz* et *kereiz*, cerise ; — *gophor*, coupe, gobelet ; — *gurutze* et *khurutze*, croix ; — *gorphitz*, corps.

Dorpe, rude (castill. *torpe*, lourd, du lat. *turpe*) ;— *dasta*, goûter (vieux franç. *tâter*) ; — *dorra* et *torre*, tour, donjon (castill. *torre*);—*denta*, tenter; — *dimbre*, timbre ; —*dardara*, chancelier (castill. *tartalear*) ; — *dumba*, retentir (castill. *retombar*) avec élis. de la première syllabe ; —*dendazay*, cabaretier (castill. *tendero*) ; —*diti* et *titi*, téton, mamelle ; — *dafern*, auberge, cabaret (lat. *taberna*) ; — *distia* et *tistia*, resplendir.

Barkha, pardonner (*parcere*) ;— *balenkad*, pali ictus (castill. *palencada*) ;— *balanki*, vallum (castill. *palenquera*) ; — *bantz*, *phanz*, ventre, panse ; — *bekhatu*, *pekatu*, péché ; —*bilo*, cheveu (lat. *pilus*) ; — *bitz* et *phitz*, allumer ;—*betral*, *petral*, poitrail (castill. *petral*, *pretal*); — *brensi*, *prensi*, mettre en presse (castill. *prensar*); — *bortha*, porte, etc., etc.

X. ADOUCISSEMENT DE LA MUETTE APRÈS UNE LIQUIDE NON GUTTURALE.

I. Cette loi s'observe assez régulièrement, s'il s'agit d'une dentale précédée de N ; ex. : *arrandegi*, marché au poisson (pour *arraintegi*); — *ardandegi*, cabaret (pour *ardantegi*); — *borondate*, volonté (lat. voluntatem); — *bekhaindari*, tentateur ; — *dendaera*, tentative ; — *egindari*, faiseur ; — *elefandi*, éléphant ; — *enda* et *eta*, et ; — *hundu*, mûri (*hun*, bon, mûr, et *du* pour *tu*, signe du participe) ; — *gudondarte*, triomphe (pour *gudu on arte*, litt. post pugnam bonam, avec *d* euphonique, pour *t*) ; — *izandu*, qui a été (pour *izantu*) ; — *landa*, travaillé (pour *lantu*) ; — *Mendekoste*, Pentecôte (*m* init. pour *p*, voy. plus loin) ; — *okendu*, onguent (*unguentum*) ; — *sendakinde*, thérapeutique (*de* final pour *te*) ; — *yainkokinde*, théologie, etc.

Elle souffre exception, si un *d* fait partie d'une syllabe suivante ; ex. : *tentaldi*, tentative ; — *zezentalde* (pour *zezenalde*), troupeau de bœufs.

De même, dans la désinence *tasun* et *tarzun*, ex. : *ontasun*, bonté ; — *gizontarzun*, humanité. De même, si le *t* est suivi d'une sifflante ; ex. : *berantz*, retard ; — *phantz*, ventre ; *zalantz*, hésitation ; de même, enfin, dans un certain nombre de mots, tels que les suivants : *denta*, tente ; — *berant*, tard ; — *izantitu*, nommé ; — *sentitu* et *sentidu*, senti ; — *testamentu*, testament ; — *thonto*, fou ; — *tarantarr*, tarentin ; — *tarentul*, tarentule.

2° La dentale s'adoucit assez souvent aussi, après

un *l*, surtout si elle fait partie des finales *de*, *tu*, *tarr*; ex. : *bialdu*, parti, sorti (pour *bialtu*) ;—*heldu*, arrivé ; —*choildu*, dévasté ;—*ephelde*, tiédeur ; — *olde* et *oste*, quantité ;—*egaldari* et *egaaztari*, ailé ;— *sabeldarrago*, glouton, etc.

Il en est de même dans le mot *tholdo*, sot (*stultus*) ;

3° La gutturale s'adoucit également après une liquide non initiale, dans un certain nombre de mots ; ex. : *elkarr* et *elgarr*, l'un l'autre ; — *ilkhi* et *yalgi*, sortir ;—*dendalgoa*, l'art de la couture ;—*malgu*, mou (grec μαλακος).

Alako et *alango*, tel ; — *lenengo*, premier (pour *lenenko*) ; — *maingu*, boiteux (lat. *mancus*) ;— *ongi*, *ongo*, bien (pour *onki*, *onko*).

XI. ASPIRATION FRÉQUENTE EN SOULETIN ET EN BAS-NAVARRAIS, DES CONSONNES SUIVIES D'UN R.

Arkh, arche ;—*artho*, pain de maïs (dial. de Marseille, *artoun*) ; — *bortha*, porte ; — *charthe*, greffe ;— *garkhor*, nuque ; —*gertha*, trouver (bas-lat. *quærritare*) ;—*merkhatu*, marché ;—*urkha*, pendre (lat. *furca*, potence) ;—*zorkhatzea*, chercher la vermine.

Cette règle ne s'observe guère avec les finales *te*, *tu*, *tari*, etc.

XII. R SIMPLE, DOUBLE ET ASPIRÉ.

1° R simple.

= L. Dans un certain nombre de mots, où il précède une des voyelles finales, *i*, *u*, *o*; ex. : *ainguru*, ange (angelus) ;—*debru*, *deabru*, diable ; — *hiri* et *hil*, périr ;—*soro*, sol (lat. *solum*) ;—*zeru*, ciel.

Dans certains mots où il est médial, sans qu'on puisse établir de règles fixes à cet égard; ex.: *irabarki*, vilebrequin; — *armanak*, almanach; — *arim*, âme (castill. *alma*); — *borondate*, volonté; — *mirotz*, milan, etc.

2° RR.

Le basque n'admettant pas le *r* initial, on lui préfixe une voyelle, et le *r* se redouble; ex.: *Erroma*, Rome; — *irri*, rire; — *arrahel*, râle; — *arrabota*, rabot; — *arraleri*, raillerie; —*arraro*, rare; — *hirriska*, risquer; *arratch*, soir (sanscrit *râtri*, nuit, tzigane, *rât*). On remarquera que si la voyelle qui suit le *r* double est un *a* ou un *i*, il y a généralement harmonie vocalique. Dans le mot *erbi*, lièvre (peut-être de l'anglais *rabbit*), le *r* n'est pas doublé.

Le *r* se double quelquefois encore, lorsque cette lettre est placée entre deux voyelles; ex.: *durrund*, tonnerre (dial. de Marseille, *trun*); — *murru*, mur; — *gogor*, dur (forme indéfinie) et *gogorra* (forme définie); — *arreg*, fraise (lat. *fraga*).

3° RH=R.

Dans le mot *arhan*, prune (sanscrit *arani*, premna spinosa, écossais, *airneag*).

XIII. H MUET ET ASPIRÉ.

1° Le *h* initial est muet dans les dialectes occidentaux, aspiré en Soule et en Navarre. Il est souvent purement euphonique; ex.: *harm*, arme; — *harrapa*, attraper; —*hirrita*, irriter; —*hodeï* et *odeï*, nuage; — *heguzki* et *eguzki*, soleil; —*igi* et *higi*, se mouvoir; — *hagun*, écume; —*hertchi*, étroit (lat. *arctus*); —*herrest*, reste.

2° Le *h* médial tient quelquefois la place d'une consonne disparue, etc. : *desohore*, déshonneur;—*liho*, lin; —*uhart* et *ausart*, hardi, osé;—*mihi*, langue et *millika*, lécher; *uherlo* et *ubel*, terne.

XIV. N.

N=L. Au commencement de certains mots ; ex. : *nahar* et *lahar*, ronce ;—*nasai* et *lasai*, lâche, ample.

XV. Z.

Préfixe euphonique dans *zerb*, herbe.

XVI. L.

=R. Dans quelques mots, lorsque, par suite de la contraction d'une voyelle, il se trouve immédiatement suivi de quelque consonne, ex. : *deselkida*, *deserakida*, disconvenir ; — *galchuri*, *garichuri*, fleur de froment ; —*dendalkoa* (pour *dendarikou*), état de couturière ;— *zamaldun*, cavalier et *zamari*, cheval (du lat. *sagmarius*, cheval de somme).

XVII. N.

S'efface : 1° lorsqu'il est dans une syllabe initiale suivie d'un *f* ou parfois d'un *t*, ex. : *iferne*, enfer ; — *ifame*, infâme ; — *kofesa*, confesser (se) ; — *ichtant*, instant ; — *ichtinto*, instinct.

2° Lorsqu'il fait partie d'une syllabe initiale, entre deux voyelles, *inusturi*, *iusturi*, tonnerre ;—*liho*, lin ; —*ohore*, honneur ;

2° Dans quelques mots, tels que *mez*, table (mensa); —*koroe*, couronne, etc.

XVIII. B et P.

Permutent avec la gutturale, dans quelques mots, tels que les suivants : *guraso, buraso*, parent ;—*eltzagorr* et *eltzaborr*, instrument de musique ;—*chisphil* et *chiskil*, brûlé ;—*garlop*, varlope ;— *habuin* et *hagun*, écume ;—*garbin* et *barbin*, coëffe de réseau ;—*borbora* et *gorgora*, fredonner.

XIX. M=P et V.

Souvent, lorsqu'il est initial et suivi d'un *a* et surtout d'un *e*; ex. : *mardie*, pardieu ;— *marra*, barrer ; —*magin*, gaîne (vagina);—*makhil*, bâton (baculum);—*mainho*, bain (balneum).

Mendekoste, Pentecôte ;—*mertchika*, pêche (*persicum malum*);—*meneno*, poison (venenum);—*mentur*, aventure, accident ;— *mendeka*, se venger (vindicare) ; —*men* et *ben*, sérieux.

On trouve encore le *m* pour une labiale muette, dans *moltch* et *foltchu*, pochette ;—*minagre*, vinaigre.

Extrait des Mémoires de l'Académie impériale des Sciences, Arts et Belles-Lettres de Caen.

www.ingramcontent.com/pod-product-compliance
Ingram Content Group UK Ltd.
Pitfield, Milton Keynes, MK11 3LW, UK
UKHW021152230726
13926UKWH00001B/62